ESSENTIAL GUIDE TO CHINESE HISTORY

PART 13

YUAN DYNASTY

元朝

学习简单的中国历史文化

QING QING JIANG

PREFACE

Welcome to the Chinese History series, a series dedicated to helping Mandarin Chinese learners improve Chinese reading skills. In this series, we will discover China's 5,000-year-old history. Each of the books will focus on one important ruling Chinese dynasty. The books contain numerous lessons in Mandarin Chinese. We start with a ruling dynasty specific preface (前言), a brief introduction to the dynasty or related themes, and continue to dig the important aspects of the ruling era, such as politics, economy, etc. in the form or chapters. Each book contains 5 to 10 chapters. For the readers' convenience, a comprehensive list of vocabulary has been provided at the beginning of each chapter. The pinyin for the Chinese text is provided after the main text. Further, to enforce deeper learning, the English interpretation of the Chinese text has been purposely excluded for the books. This would help the readers think deeply about the contents the way native Chinese think. In order to help the Chinese learner remember important characters, words, long words, idioms, etc., these entities have been purposely repeated throughout the book, and across the books in the series. Taken together, the books in Chinese

History series will tremendously help readers improve their Chinese reading skills.

If you have any questions, suggestions, and feedbacks, feel free to let me know in the review or comments.

You can find more about China and Chinese culture on my Amazon homepage.

I blog at:

www.QuoraChinese.com

-Qing Qing

江清清

©2022 Qing Qing Jiang

All rights reserved.

ESSENTIAL

GUIDE TO

CHINESE HISTORY

ACKNOWLEDGMENTS

I am a blogger. It has been a long and interesting journey since I started blogging quite a few years ago.

The blogging passion enabled me to write useful contents. In particular, I have been writing about China, and its culture.

My passion in writing was supported by my friends, colleagues, and most importantly, the almighty.

I thank everyone for constantly inspiring me in my life endeavours.

CONTENTS

前言

　　元朝虽然在历朝历代中不算特别有名，但是它是中国历史上少有的由少数民族建立的大一统王朝。最初是由成吉思汗建立蒙古政权，成立了蒙古国，随之不断扩张自己的领土。而后忽必烈在蒙古国的基础上建立元朝，再一举灭了南宋。元朝建立以后，也曾经多次向外扩张，不仅仅是在海内，还有海外，可能他们骨子里就是流淌着征服的血液，热衷于打仗和征战。而蒙古军团的力量也是十分强大的，强大到让敌人闻风丧胆。由于常年的征战，元朝的统治中期十分混乱，战争使得国库亏空，皇位的争夺使得朝政混乱，而且汉化进程太慢，难以跟上时代的步伐。但值得一说的是，元朝的商品经济和文化还是有一定的进展，元代的戏曲便十分有名。但是后期由于朝政腐败，再加上海禁政策，老百姓的生活得不到保障，生活水平也越来越低，为了反对统治，各地爆发了起义，所以元朝在农民起义的潮流中灭亡了。

Yuáncháo suīrán zài lìcháo lìdài zhōng bù suàn tèbié yǒumíng, dànshì tā shì zhōngguó lìshǐ shàng shǎo yǒu de yóu shǎoshù mínzú jiànlì de dà yītǒng wángcháo. Zuìchū shì yóu chéngjísīhán jiànlì ménggǔ zhèngquán, chénglìle ménggǔ guó, suí zhī bùduàn kuòzhāng zìjǐ de lǐngtǔ. Érhòu hū bì liè zài ménggǔ guó de jīchǔ shàng jiànlì yuáncháo, zài yījǔ mièle nánsòng. Yuáncháo jiànlì yǐhòu, yě céngjīng duō cì xiàng wài kuòzhāng, bùjǐn jǐn shì zài hǎinèi, hái yǒu hǎiwài, kěnéng tāmen gǔzilǐ jiùshì liútǎngzhe zhēngfú de xiěyè, rèzhōng yú dǎzhàng hé zhēngzhàn. Ér ménggǔ jūntuán de lìliàng yěshì shífēn qiángdà de, qiángdà dào ràng dírén wénfēngsàngdǎn. Yóuyú chángnián de zhēngzhàn, yuáncháo de tǒngzhì zhōngqí shífēn hǔnluàn, zhànzhēng shǐdé guókù kuīkong, huángwèi de zhēngduó shǐdé cháozhèng hǔnluàn, érqiě hànhuà jìnchéng tài màn, nányǐ gēn shàng shídài de bùfá. Dàn zhídé yī shuō de shì, yuáncháo de shāngpǐn jīngjì hé wénhuà huán shì yǒu yīdìng de jìnzhǎn, yuán dài de xìqǔ biàn shífēn yǒumíng. Dànshì hòuqí yóuyú cháozhèng fǔbài, zài jiā shànghǎi jìn zhèngcè, lǎobǎixìng de shēnghuó dé bù dào bǎozhàng, shēnghuó shuǐpíng yě yuè lái yuè dī, wèile fǎnduì tǒngzhì, gèdì bàofāle qǐyì, suǒyǐ yuáncháo zài nóngmín qǐyì de cháoliú zhōng mièwángle.

INTRODUCTION TO THE HISTORY OF YUAN DYNASTY (元朝历史简介)

The Yuan Dynasty (元朝), ruling China from 1271 to 1368, was the first unified dynasty, established by ethnic minorities (Mongolian, 蒙古族), in Chinese history.

Genghis Khan (成吉思汗, 1162-1227) established the Great Mongolian Empire (大蒙古国) in 1206.

Basically, Genghis Khan unified numerous Mongolian tribes and established the Great Mongolia. He successively attacked and defeated the regimes of the Western Liao Dynasty (西辽, 1124-1218), Western Xia Dynasty (西夏, 1038-1227), Jin Dynasty (金朝, 1115-1234), etc. Genghis Khan reigned from 1206 to 1227.

In 1260, Kublai Khan (忽必烈, 1215-1294, reigned 1260-1294), grandson of Genghis Khan, Mongolian honorary title "Xue Chan Khan" (薛禅汗), ascended the throne. His capital was Shangdu (上都), modern Zhenglan Banner of Xilingol League, Inner Mongolia Autonomous Region (今

内蒙古自治区锡林郭勒盟正蓝旗). In 1271, Kublai Khan changed the country's name to "Da Yuan" (大元), establishing the Yuan Dynasty, and proclaimed himself to be the emperor. Kublai Khan, the fifth Khan (可汗) of the Great Mongolia, became the founding emperor of the Yuan Dynasty. He is also known as Yuan Shizu (元世祖). Since then, the Yuan Dynasty ruled for nearly 100 years (1271-1368).

The following year, Kublai Khan set the capital at Dadu (大都), modern Beijing (今北京).

In 1279, the Southern Song Dynasty was completely defeated, ending the long-term division of the ancient China since the end of the Tang Dynasty. After that, the Yuan Dynasty tried to continuously expand abroad, attacking Japan, Burma, Vietnam, etc., however, it couldn't achieve much success.

In the mid-Yuan Dynasty, the succession to the throne became chaotic, coups were frequent, politics was not on the right track, and the Sinicization (汉化) plans didn't work properly. In the later period, due to political corruption, and poor governance, the ethnic conflicts increasingly intensified. All these problems led to the trouble for the common people and the peasant uprising became common in the late Yuan Dynasty.

Finally, in 1368, Zhu Yuanzhang (朱元璋, 1328-1398) established the Ming Dynasty (明朝, 1368-1644), captured the capital Dadu, and expelled the Yuan court from Dadu.

After the collapse of the Yuan Dynasty's rule in the Central Plains in 1368, the royal family of the Yuan Dynasty retreated to Mobei (漠北), north of the Gobi desert. They formed a nomadic regime called the Northern Yuan (北元, 1368-1402/1635) that coexisted with the Ming Dynasty until 1402.

In 1402, due to internal political problems, the Northern Yuan collapse. However, the Mongolian rule continued elsewhere.

After 1402, the country under the Mongolians was primarily called "Mongolia" (蒙古), however, some scholars continued to call it Northern Yuan.

In a broad sense, Mongolian rule (including the Yuan Dynasty period), in different parts of ancient China, lasted much longer (1206 to 1635).

During the Yuan Dynasty, the China became a unified multi-ethnic state. The territory of the empire surpassed the previous dynasties.

The economy and overseas trade in the Yuan Dynasty were relatively prosperous. Further, there were frequent cultural exchanges with foreign countries, and envoys, missionaries, and business travelers were sent to/from various places. Marco Polo (马可·波罗, 1254-1324) visited China during the Yuan Dynasty and became a good friend of Kublai Khan. In terms of culture, Yuanqu (元曲)-- a literary form that prevailed in the Yuan Dynasty, Yuan Opera, and other cultural forms appeared during the period.

FOUNDING OF THE YUAN DYNASTY (建立元朝)

1	说起	Shuō qǐ	Bring up; begin talking about; as for; with regard to
2	元朝	Yuáncháo	Yuan Dynasty (1279-1368)
3	蒙古族	Ménggǔ zú	Mongol ethnic minority; the Mongolians; Mongols; Mongolian Nationality
4	兴起	Xīngqǐ	Rise; spring up; grow up; be on the upgrade
5	前面	Qiánmiàn	In front; at the head; ahead
6	说到	Shuō dào	Mention; speak of; refer to; as to
7	少数民族	Shǎoshù mínzú	Minority nationality; national minority
8	王朝	Wángcháo	Imperial court; royal court
9	少数	Shǎoshù	Small number; few; minority
10	蒙古	Ménggǔ	Mongolia
11	北方	Běifāng	North; the northern part of the country

12	擅长	Shàncháng	Be good at; be expert in; be skilled in
13	骑马	Qímǎ	Ride a horse; be on horseback; ride horseback; ride on a horse
14	射箭	Shèjiàn	Shoot an arrow; discharge an arrow; let fly an arrow; archery
15	个个	Gè gè	Each and every one; all
16	仿佛	Fǎngfú	Seem; as if; be more or less the same; be alike
17	天生	Tiānshēng	Born; inborn; inherent; innate
18	战斗力	Zhàndòulì	Combat effectiveness; fighting capacity; sword
19	各个	Gège	Each; every; various
20	分散	Fēnsàn	Disperse; scatter; decentralize; scattering
21	强有力	Qiáng yǒulì	Strong; vigorous; forceful; powerful
22	男人	Nánrén	Husband; man
23	一举	Yījǔ	With one action; at one stroke; at one fell swoop; at the first try
24	后来	Hòulái	Afterwards; later; then
25	人称	Rénchēng	Person
26	成吉思汗	Chéngjí sīhán	Genghis khan

27	人物	Rénwù	Figure; personage; person in literature; character
28	不断地	Bùduàn de	End-to-end; steadily; together
29	自己的	Zìjǐ de	Self
30	领土	Lǐngtǔ	Territory
31	一句话	Yījù huà	In a word; in short
32	青草	Qīngcǎo	Green grass
33	领地	Lǐngdì	Manor
34	壮志	Zhuàngzhì	Great aspiration; lofty ideal
35	野心勃勃	Yěxīn bóbó	Be overly ambitious; a flight of ambition
36	蒙古国	Ménggǔ guó	Mongolia
37	兼并	Jiānbìng	Merger; annex
38	小国	Xiǎoguó	A small country
39	帝国	Dìguó	Empire
40	南宋	Nánsòng	The Southern Song Dynasty
41	并立	Bìnglì	Exist side by side; exist simultaneously
42	胜算	Shèngsuàn	A stratagem which ensures success
43	不敢	Bù gǎn	Dare not; not dare
44	轻举妄动	Qīngjǔ wàngdòng	Act rashly and blindly; a leap in the dark
45	忽必烈	Hū bì liè	Kublai, the fifth

			emperor of the Yuan Dynasty
46	上位	Shàngwèi	Superior
47	孙子	Sūnzi	Grandson; Sun Zi, ancient Chinese military strategist of the Spring and Autumn Period
48	等到	Děngdào	By the time; when
49	那就是	Nà jiùshì	That is; that is to say
50	中原	Zhōngyuán	Central plains
51	效仿	Xiàofǎng	Imitate; follow the example of
52	他们的	Tāmen de	Their; theirs
53	最后	Zuìhòu	Last; final; ultimate
54	建立	Jiànlì	Build; set up; establish; building-up
55	但是	Dànshì	But; however; yet; still
56	还没有	Hái méiyǒu	Not yet;
57	完全	Wánquán	Complete; whole; perfect; completely
58	结束	Jiéshù	Finish; closure; foreclosure; end
59	实现	Shíxiàn	Realize; achieve; bring about; come true
60	精心准备	Jīngxīn zhǔnbèi	Careful preparation; prepare better
61	攻打	Gōngdǎ	Attack; assault; assail
62	当时	Dāngshí	Then; at that time

63	处于	Chǔyú	Be
64	衰落时期	Shuāiluò shíqí	Sunset
65	力量	Lìliàng	Physical strength
66	不如	Bùrú	Not equal to; not as good as; inferior to; cannot do better than

Chinese (中文)

说起元朝的建立，就不得不先说蒙古族的兴起。我们前面说到元朝是由少数民族建立的大一统王朝，这个少数民族便是蒙古族。

蒙古族是北方的一支少数民族，他们擅长骑马射箭，而且个个骁勇善战，仿佛他们天生就是如此，战斗力非常强。

但是他们分布在各个地方，十分分散，所以在那个时候并没有形成一股强有力的力量。直到一个叫铁木真的男人，一举统一了大蒙古，后来的人称他为"成吉思汗"，一个神一般的人物。

成吉思汗在统一蒙古后，还在不断地扩张自己的领土，他曾经说过一句话，"我要让青草覆盖的地方都成为我的领地。"从这句豪言壮志中我们可以看出成吉思汗的野心勃勃，他是这么说的，亦是这么做的。

在成吉思汗的管理下，蒙古国兼并了很多小国，逐渐成为了一个大帝国，但与南宋还是处于并立的状态，当时这两个国家的力量都不可小觑，在没有绝对的胜算的时候，谁也不敢轻举妄动。

直到忽必烈上位，忽必烈是成吉思汗的孙子，等到他继承成吉思汗的位置的时候，他做了一个重要的决定，那就是决定推行中原地区的治理方式，效仿他们的制度来管理蒙古国。

最后，在忽必烈这一代，建立了元朝。但是到这里还没有完全结束，要想实现大一统，还需要灭掉南宋。

所以在精心准备了几年后，忽必烈决定派兵攻打南宋，由于当时的南宋已经处于衰落时期了，力量大不如前了，所以元朝没出几年就灭了南宋。这个时候元朝实现了真正意义上的大一统。

Pinyin (拼音)

Shuō qǐ yuáncháo de jiànlì, jiù bùdé bù xiān shuō ménggǔ zú de xīngqǐ. Wǒmen qiánmiàn shuō dào yuáncháo shì yóu shǎoshù mínzú jiànlì de dà yītǒng wángcháo, zhège shǎoshù mínzú biàn shì ménggǔ zú.

Ménggǔ zú shì běifāng de yī zhī shǎoshù mínzú, tāmen shàncháng qímǎ shèjiàn, érqiě gè gè xiāoyǒng shànzhàn, fǎngfú tāmen tiānshēng jiùshì rúcǐ, zhàndòulì fēicháng qiáng.

Dànshì tāmen fēnbù zài gège dìfāng, shífēn fēnsàn, suǒyǐ zài nàgè shíhòu bìng méiyǒu xíngchéng yī gǔ qiáng yǒulì de lìliàng. Zhídào yīgè jiào tiě mù zhēn de nánrén, yījǔ tǒngyīliǎo dà ménggǔ, hòulái de rénchēng tā wèi "chéngjísīhán", yīgè shén yībān de rénwù.

Chéngjísīhán zài tǒngyī ménggǔ hòu, hái zài bùduàn de kuòzhāng zìjǐ de lǐngtǔ, tā céngjīng shuōguò yījù huà, "wǒ yào ràng qīngcǎo fùgài dì dìfāng dōu chéngwéi wǒ de lǐngdì." Cóng zhè jù háo yán zhuàngzhì zhōng wǒmen kěyǐ kàn chū chéngjísīhán de yěxīn bóbó, tā shì zhème shuō de, yì shì zhème zuò de.

Zài chéngjísīhán de guǎnlǐ xià, ménggǔ guójiānbìngle hěnduō xiǎoguó, zhújiàn chéngwéile yīgè dà dìguó, dàn yǔ nánsòng háishì chǔyú bìnglì de zhuàngtài, dāngshí zhè liǎng gè guó jiā de lìliàng dōu bùkě xiǎo qù, zài méiyǒu juéduì de shèngsuàn de shíhòu, shéi yě bù gǎn qīngjǔwàngdòng.

Zhídào hū bì liè shàngwèi, hū bì liè shì chéngjísīhán de sūnzi, děngdào tā jìchéng chéngjísīhán de wèizhì de shíhòu, tā zuòle yīgè zhòngyào de juédìng, nà jiùshì juédìng tuīxíng zhōngyuán dìqū de zhìlǐ fāngshì, xiàofǎng tāmen de zhìdù lái guǎnlǐ ménggǔ guó.

Zuìhòu, zài hū bì liè zhè yīdài, jiànlìle yuáncháo. Dànshì dào zhèlǐ hái méiyǒu wánquán jiéshù, yào xiǎng shíxiàn dà yītǒng, hái xūyào miè diào nánsòng.

Suǒyǐ zài jīngxīn zhǔnbèile jǐ nián hòu, hū bì liè juédìng pàibīng gōngdǎ nánsòng, yóuyú dāngshí de nánsòng yǐjīng chǔyú shuāiluò shíqíle, lìliàng dà bùrú qiánle, suǒyǐ yuáncháo méi chū jǐ nián jiù mièle nánsòng. Zhège shíhòu yuáncháo shíxiànle zhēnzhèng yìyì shàng de dà yītǒng.

OVERSEAS EXPEDITION (远征海外)

1	热衷于	Rèzhōng yú	Be keen on; be absorbed in; high on
2	对外扩张	Duìwài kuòzhāng	External expansion; foreign aggrandizement
3	版图	Bǎntú	Domain; territory
4	出来	Chūlái	Come out; emerge
5	如此	Rúcǐ	So; such; in this way; like that
6	辽阔	Liáokuò	Vast; extensive
7	必然	Bìrán	Inevitable; certain; necessarily; necessity
8	寻常	Xúncháng	Ordinary; usual; common
9	故事	Gùshì	Story; tale; plot; old practice; routine
10	主体	Zhǔtǐ	Main body; main part; principal part; mainstay
11	蒙古	Měnggǔ	Mongolia
12	游牧民族	Yóumù mínzú	Nomads; nomadic people
13	强大	Qiángdà	Big and powerful; powerful; formidable
14	交战	Jiāozhàn	Be at war; fight; wage war; engagement

15	闻风丧胆	Wénfēng sàngdǎn	Tremble with fear on hearing of; be alarmed at mere rumors; become terror-stricken at the news; lose courage when one hears
16	基本上	Jīběn shàng	Mainly
17	战无不胜	Zhàn wú bùshèng	Invincible; ever-victorious; all-conquering
18	骨子里	Gǔzilǐ	In one's heart of hearts; between privates; in actuality; at bottom
19	流淌	Liútǎng	Flow; run
20	征服	Zhēngfú	Conquer; subjugate
21	欲望	Yùwàng	Desire; wish; lust
22	从小	Cóngxiǎo	From childhood; since one was very young; as a child
23	接受	Jiēshòu	Accept; acceptance; reception; take
24	知识	Zhīshì	Knowledge; know-how; science; pertaining to learning or culture
25	思想	Sīxiǎng	Thought; thinking; idea; ideology

26	精神文明	Jīngshén wénmíng	Spiritual civilization -- intellectual and moral qualities;
27	忽必烈	Hū bì liè	Kublai, the fifth emperor of the Yuan Dynasty
28	停止	Tíngzhǐ	Cease; suspend; call off; halt
29	战争	Zhànzhēng	War; warfare
30	差不多	Chàbùduō	Almost; nearly; just about
31	毅然	Yìrán	Resolutely; firmly; determinedly
32	继续	Jìxù	Continue; go on; keep on; proceed
33	向外	Xiàng wài	Outward
34	扩张	Kuòzhāng	Expand; aggrandize; enlarge; extend
35	周边	Zhōubiān	Periphery; perimeter
36	听说	Tīng shuō	Be told; hear of
37	过后	Guòhòu	Afterwards; later
38	害怕	Hàipà	Fear; be afraid; be scared; be afraid of something
39	过来	Guòlái	Come over; come up; can manage
40	打仗	Dǎzhàng	Fight; go to war; make war

41	臣服	Chénfú	Submit oneself to the rule of; acknowledge allegiance to
42	悬殊	Xuánshū	Great disparity; wide gap
43	海阔天空	Hǎikuò tiānkōng	As boundless as the sea and sky
44	不愿意	Bù yuànyì	Reluctant; not willing; unwilling; unwillingness; No
45	没办法	Méi bànfǎ	No way out; have no choice but
46	兵戎相见	Bīngróng xiāng jiàn	Meet on the battleground; cross swords with; appeal to arms; be at war
47	就算	Jiùsuàn	Even if; granted that
48	拼死	Pīnsǐ	Risk one's life; defy death; fight desperately
49	稍微	Shāowéi	A little; a bit; slightly; a trifle
50	征战	Zhēngzhàn	Go on an expedition
51	一共	Yīgòng	Altogether; in all; all told
52	台风	Táifēng	Typhoon; stage manners
53	无疾而终	Wújí' érzhōng	Die without a sickness;

			die in one's sleep; die without any illness
54	看出	Kàn chū	Make out; perceive; find out; be aware of
55	前提	Qiántí	Premise
56	发动	Fādòng	Start; launch; engine on; get started
57	第三次	Dì sān cì	Third time
58	放弃	Fàngqì	Give up; abandon; renounce; back-out

Chinese (中文)

元朝是一个热衷于对外扩张的国家，从他的版图中就可以看出来，一个拥有如此辽阔版图的国家，必然有着不为寻常的故事。

元朝主体民族是蒙古族，同时蒙古族也是一支游牧民族。蒙古军队力量非常强大，与元朝交战的国家都知道，没跟元朝交战的国家也知道，这是一支令人闻风丧胆的军队，基本上就是战无不胜。

可能他们的骨子里流淌着的就是征服的欲望，他们生活的环境和他们从小接受到的知识和教育，形成了他们的一种思想文化和精神文明。

忽必烈亦是如此。在他建立了元朝后，并没有因此停止，对内也进行了很多场战争，打的差不多的时候，毅然决定继续向外扩张。

周边的国家在听说过后都害怕极了，有的国家听说忽必烈要派兵过来打仗了，直接就臣服了，因为他们知道力量悬殊的太大，面对面对抗怕是没有优势，只能退一步海阔天空了。

而那些不愿意臣服的国家，没办法，两国之间只能是兵戎相见了，但是元朝的力量实在是太强大了，就算他们拼死抵抗蒙古军队，也只能稍微延长几年的时间，很难改变被灭国的命运。

大多数的时候会很顺利，直接将对方灭国。但有的时候也有失败的时候，就比如征战日本的时候。

在对日战争中，元朝一共征战了三次，结果次次都因台风的影响无疾而终，从中我们也可以看出元朝的坚持，在两次都失败的前提下，还继续发动了第三次战争，直到打不动的时候才肯放弃。

Pinyin (拼音)

Yuáncháo shì yīgè rèzhōng yú duìwài kuòzhāng de guójiā, cóng tā de bǎntú zhōng jiù kěyǐ kàn chūlái, yīgè yǒngyǒu rúcǐ liáokuò bǎntú de guójiā, bìrán yǒuzhe bù wéi xúncháng de gùshì.

Yuáncháo zhǔtǐ mínzú shì ménggǔ zú, tóngshí ménggǔ zú yěshì yī zhī yóumù mínzú. Ménggǔ jūnduì lìliàng fēicháng qiángdà, yǔ yuáncháo jiāozhàn de guójiā dōu zhīdào, méi gēn yuáncháo jiāozhàn de guójiā yě zhīdào, zhè shì yī zhī lìng rén wénfēngsàngdǎn de jūnduì, jīběn shàng jiùshì zhàn wú bùshèng.

Kěnéng tāmen de gǔzilǐ liútǎngzhe de jiùshì zhēngfú de yùwàng, tāmen shēnghuó de huánjìng hé tāmen cóngxiǎo jiēshòu dào de zhīshì hé jiàoyù, xíngchéngle tāmen de yī zhǒng sīxiǎng wénhuà hé jīngshén wénmíng.

Hū bì liè yì shì rúcǐ. Zài tā jiànlìle yuáncháo hòu, bìng méiyǒu yīncǐ tíngzhǐ, duì nèi yě jìnxíngle hěnduō chǎng zhànzhēng, dǎ di chàbùduō de shíhòu, yìrán juédìng jìxù xiàng wài kuòzhāng.

Zhōubiān de guójiā zài tīng shuō guòhòu dōu hàipà jíle, yǒu de guójiā tīng shuō hū bì liè yào pàibīng guòlái dǎzhàngle, zhíjiē jiù chénfúle, yīnwèi tāmen zhīdào lìliàng xuánshū de tài dà, miànduìmiàn duìkàng pà shì méiyǒu yōushì, zhǐ néng tuì yībù hǎikuòtiānkōngle.

Ér nàxiē bù yuànyì chénfú de guójiā, méi bànfǎ, liǎng guózhī jiān zhǐ néng shì bīngróng xiāng jiànle, dànshì yuáncháo de lìliàng shízài shì tài qiángdàle, jiùsuàn tāmen pīnsǐ dǐkàng ménggǔ jūnduì, yě zhǐ néng shāowéi yáncháng jǐ nián de shíjiān, hěn nán gǎibiàn bèi miè guó de mìngyùn.

Dà duō shǔ de shíhòu huì hěn shùnlì, zhíjiē jiāng duìfāng miè guó. Dàn yǒu de shíhòu yěyǒu shībài de shíhòu, jiù bǐrú zhēngzhàn rìběn de shíhòu.

Zài duì rì zhànzhēng zhōng, yuán zhāo yīgòng zhēngzhànle sāncì, jiéguǒ cì cì dōu yīn táifēng de yǐngxiǎng wújí'érzhōng, cóngzhōng wǒmen yě kěyǐ kàn chū yuáncháo de jiānchí, zài liǎng cì dōu shībài de qiántí xià, hái jìxù fādòngle dì sān cì zhànzhēng, zhídào dǎ bù dòng de shíhòu cái kěn fàngqì.

POPULAR PAPER MONEY (普及纸币)

1	纸币	Zhǐbì	Paper money; paper currency; note; banknotes
2	诞生	Dànshēng	Be born; come into the world; come into being; emerge
3	在古代	Zài gǔdài	In ancient times; in the old days; in the ancient time
4	基本上	Jīběn shàng	Mainly
5	铜钱	Tóngqián	Copper cash
6	金银	Jīn yín	Gold and silver
7	买卖	Mǎimài	Buying and selling; business; deal; transaction
8	还好	Hái hǎo	Not bad; passable
9	涉及到	Shèjí dào	Touch; involve; when it comes to
10	宋朝	Sòngcháo	Song dynasty (960-1279)
11	交子	Jiāo zi	Jiao zi (Paper money issued in the Northern Song Dynasty and used in Sichuan and Shaanxi areas. Later its name was changed to 钱引)
12	在当时	Zài dāngshí	At that time; in those days; at the time

13	四川	Sìchuān	Sichuan
14	局部地区	Júbù dìqū	Some areas; parts of an area
15	试用	Shìyòng	On trial; try out; on probation
16	一时	Yīshí	For a short while; temporary; momentary
17	很困难	Hěn kùnnán	Very difficult; quite difficult; Too Difficult
18	官方	Guānfāng	Authority; of or by the government; official; authoritative figures
19	答案	Dá'àn	Answer; solution; key
20	很简单	Hěn jiǎndān	Easy; simple
21	那就是	Nà jiùshì	That is; That is to say; Someone
22	严刑峻法	Yánxíng jùn fǎ	Severe law; draconian law; inflexible administration of justice; severe penal codes
23	简单来说	Jiǎndān lái shuō	In short; In a nutshell.; Simply put
24	不用	Bùyòng	Need not
25	法律制裁	Fǎlǜ zhìcái	Justice; legal sanction
26	伪造纸币	Wèizào zhǐbì	Counterfeit note
27	就这样	Jiù zhèyàng	That's it; That's all; in this way

28	统治者	Tǒngzhì zhě	Ruler; sovereign
29	纸质	Zhǐ zhì	Paper; paper quality
30	牢牢	Láo láo	Firmly; safely
31	自己的	Zìjǐ de	Self
32	没有价值	Méiyǒu jiàzhí	Of great little no value; be of great little no value
33	原材料	Yuáncái liào	Raw and processed material; raw stock; raw material; semi-finished material
34	树皮	Shù pí	Rind; bark; pill; feathering
35	随处可见	Suíchù kějiàn	Can be seen everywhere
36	赋予	Fùyǔ	Give; endow; entrust
37	不费吹灰之力	Bù fèi chuīhuīzhīlì	As easy as blowing the dust off a table; need only a slight effort
38	变成	Biàn chéng	Grow; become; make; develop into
39	马可波罗	Mǎkě bōluó	Marco Polo
40	他的	Tā de	His; him
41	传记	Zhuànjì	Biography
42	点金术	Diǎn jīn shù	The Golden Touch
43	可以说	Kěyǐ shuō	So to speak; can say so
44	简单粗暴	Jiǎndān	Simple and crude; in an

		cūbào	oversimplified and crude way
45	揭露	Jiēlù	Expose; unmask; ferret out; uncover
46	本质	Běnzhí	Essence; nature;
47	虽然	Suīrán	Though; although
48	现在	Xiànzài	Now; at present; today; nowadays
49	普及	Pǔjí	Popularize; disseminate; spread; universal
50	但是	Dànshì	But; however; yet; still
51	到现在	Dào xiànzài	Up to now
52	流行	Liúxíng	Prevalent; popular; fashionable; rage
53	可见	Kějiàn	It is thus clear that; visible; visual
54	影响力	Yǐngxiǎng lì	Influence

Chinese (中文)

纸币的诞生绝对是一项伟大的发明，要知道在古代基本上都是用铜钱和金银来进行商品的买卖。小本买卖的时候还好，一旦涉及到大金额的买卖，便很难携带，造成了很大的不便利。

在宋朝的时候，人类史上最早的纸币，"交子"出现了，就是这个伟大的发明，使得人们摆脱了固体货币的束缚。但是在当时，纸币并没有普及开来，只是在四川等局部地区试用而已，毕竟用了那么多年的铜钱，一时之间要改用纸币是很困难的，还得需要一个过渡的时间。

直到元朝，纸币才开始大规模发行和使用，而且还成为了官方唯一制定货币。那元朝是怎么做到大范围使用纸币的呢？

答案很简单，那就是严刑峻法，简单来说就是，制定了严格的法律法规强制人们使用纸币，你用也得用，不用也得用，如果不用的话就直接用法律制裁。而且伪造纸币后果更加严重，就这样，元朝的统治者把纸质货币的生产权力牢牢地掌握在自己的手中，垄断了纸币的发行。

要知道纸币本身是没有价值的，制作纸币地原材料就是普通的不能再普通的树皮，随处可见，是统治者赋予了它价值和意义。所以用这样的方法，统治者不费吹灰之力就把一张纸变成了钱。

马可波罗在他的传记中写到，元朝的纸币堪比点金术，可以说是简单粗暴的揭露了纸币的本质。

虽然在中国，现在的数字货币已经普及开来了，但是纸币到现在还在流行，可见其影响力有多大。

Pinyin (拼音)

Zhǐbì de dànshēng juéduì shì yī xiàng wěidà de fǎ míng, yào zhīdào zài gǔdài jīběn shàng dū shìyòng tóngqián hé jīn yín lái jìnxíng shāngpǐn de mǎimài. Xiǎo běn mǎimài de shíhòu hái hǎo, yīdàn shèjí dào dà jīn'é de mǎimài, biàn hěn nán xiédài, zàochéngle hěn dà de bù biànlì.

Zài sòngcháo de shíhòu, rénlèi shǐshàng zuìzǎo de zhǐbì,"jiāo zi" chūxiànle, jiùshì zhège wěidà de fǎ míng, shǐdé rénmen bǎituōle gùtǐ huòbì de shùfù. Dànshì zài dāngshí, zhǐbì bìng méiyǒu pǔjí kāi lái, zhǐshì zài sìchuān děng júbù dìqū shì yòng éryǐ, bìjìng yòngle nàme duōnián de tóngqián, yīshí zhī jiān yào gǎi yòng zhǐbì shì hěn kùnnán de, hái dé xūyào yīgè guòdù de shíjiān.

Zhídào yuáncháo, zhǐbì cái kāishǐ dà guīmó fāxíng hé shǐyòng, érqiě hái chéngwéile guānfāng wéiyī zhìdìng huòbì. Nà yuáncháo shì zěnme zuò dào dà fànwéi shǐyòng zhǐbì de ne?

Dá'àn hěn jiǎndān, nà jiùshì yánxíng jùn fǎ, jiǎndān lái shuō jiùshì, zhìdìngle yángé de fǎlǜ fǎguī qiángzhì rénmen shǐyòng zhǐbì, nǐ yòng yě dé yòng, bùyòng yě dé yòng, rúguǒ bùyòng dehuà jiù zhíjiē yòng fǎlǜ zhìcái. Érqiě wèizào zhǐbì hòuguǒ gèngjiā yánzhòng, jiù zhèyàng, yuáncháo de tǒngzhì zhě bǎ zhǐ zhì huòbì de shēngchǎn quánlì láo láo de zhǎngwò zài zìjǐ de shǒuzhōng, lǒngduànle zhǐbì de fǎ xíng.

Yào zhīdào zhǐbì běnshēn shì méiyǒu jiàzhí de, zhìzuò zhǐbì dì yuáncáiliào jiùshì pǔtōng de bùnéng zài pǔtōng de shù pí, suíchù kějiàn, shì tǒngzhì zhě fùyǔle tā jiàzhí hé yìyì. Suǒyǐ yòng zhèyàng de fāngfǎ, tǒngzhì zhě bù fèi chuīhuīzhīlì jiù bǎ yī zhāng zhǐ biàn chéngle qián.

Mǎkěbōluó zài tā de zhuànjì zhōng xiě dào, yuáncháo de zhǐbì kān bǐ diǎn jīn shù, kěyǐ shuō shì jiǎndān cūbào de jiēlùle zhǐbì de běnzhí.

Suīrán zài zhōngguó, xiànzài de shùzì huòbì yǐjīng pǔjí kāi láile, dànshì zhǐbì dào xiànzài hái zài liúxíng, kějiàn qí yǐngxiǎng lì yǒu duōdà.

OPERA OF YUAN DYNASTY (元朝戏曲)

1	世人	Shìrén	Common people
2	唐诗宋词	Tángshī sòngcí	Tang poetry and Song Ci; Poems; Chinese poems
3	元曲	Yuán qǔ	A type of verse popular in the Yuan Dynasty, including Za Ju (杂剧) and San Qu (散曲), sometimes referring to Za Ju only
4	有名	Yǒumíng	Well-known; famous; celebrated
5	戏曲	Xìqǔ	Traditional opera; singing parts in Chuan Qi (传奇) and Za Ju
6	之前	Zhīqián	Before; prior to; ago
7	时候	Shíhòu	Time
8	达到	Dádào	Achieve; attain; reach
9	巅峰	Diānfēng	Peak; top
10	时期	Shíqí	Period
11	之所以	Zhī suǒyǐ	The reason why
12	取得	Qǔdé	Acquire; gain; obtain
13	巨大	Jùdà	Huge; tremendous; enormous; gigantic
14	必定	Bìdìng	Be bound to; be sure to; certainly; undoubtedly
15	大概	Dàgài	General idea; broad

			outline
16	社会环境	Shèhuì huánjìng	Social environment; social context
17	不了	Bùliǎo	Without end
18	干系	Gānxì	Responsibility; implication
19	少数民族	Shǎoshù mínzú	Minority nationality; national minority
20	蒙古人	Ménggǔ rén	Mongol; Mongolian
21	在当时	Zài dāngshí	At that time; in those days; at the time
22	森严	Sēnyán	Severe; stern; strict
23	汉人	Hànrén	The Hans; the Han people
24	沦落	Lúnluò	Fall low; come down in the world; be reduced to poverty
25	上流	Shàngliú	Upper reaches
26	本来	Běnlái	Original
27	还可以	Hái kěyǐ	Not bad; passable; in addition
28	科举	Kējǔ	Imperial examination
29	当官	Dāng guān	Fill an office; be an official; be in the presence of an official
30	遭到	Zāo dào	Suffer; meet with; encounter
31	打击	Dǎjí	Strike; attack; crack down; hit

32	举办	Jǔbàn	Conduct; hold; run
33	次数	Cìshù	Number of times; frequency
34	录取	Lùqǔ	Enroll; recruit; enter; admit to
35	英雄	Yīngxióng	Hero
36	无用	Wúyòng	Useless; of no use
37	才华	Cáihuá	Literary or artistic talent; rich talent; talent; gifts
38	施展	Shīzhǎn	Put to good use; give free play to
39	自己的	Zìjǐ de	Self
40	抱负	Bàofù	Aspiration; ambition; lofty aim
41	无奈	Wúnài	Cannot help but; have no alternative; have no choice
42	市井	Shìjǐng	Marketplace; town
43	被迫	Bèi pò	Be compelled; be forced; be constrained; be coerced
44	谋生	Móu shēng	Seek a livelihood; earn one's living; make a living
45	原本	Yuánběn	Original manuscript; master copy
46	小市	Xiǎo shì	Bazaar; market place for selling second-hand goods and small articles
47	流行	Liúxíng	Prevalent; popular; fashionable; rage

48	大多	Dàduō	For the most part; mostly
49	浅显易懂	Qiǎnxiǎn yì dǒng	Clear and easy to understand
50	有趣	Yǒuqù	Interesting; fascinating; amusing
51	不成熟	Bù chéngshú	Immature
52	毕竟	Bìjìng	After all; all in all; when all is said and done
53	越来越	Yuè lái yuè	More and more
54	愁闷	Chóumèn	Feel gloomy; be in low spirits; be depressed; glum
55	抒发	Shūfā	Express; voice; give expression to
56	苦闷	Kǔmèn	Depressed; dejected; feeling low; gloomy
57	向往	Xiàngwǎng	Yearn for; look forward to; be attracted toward
58	正因为如此	Zhèng yīnwèi rúcǐ	For this reason; Because of this; That is in the case.
59	新发展	Xīn fāzhǎn	New development; recent advance
60	长河	Chánghé	Long river; endless flow; long process
61	熠熠	Yìyì	Glistening; bright

Chinese (中文)

世人都知道唐诗宋词，而元曲也是很有名的一个存在。戏曲在元代之前就已经在发展了，但在元代的时候，达到了巅峰时期。

戏曲之所以会在元代取得巨大的发展，必定有其原因，这大概与当时的社会环境脱不了干系。

由于元朝是由少数民族建立起来的，所以元朝的统治阶层也是蒙古人。在当时，社会上存在着森严的等级制度，其中蒙古人当然是在上层，而汉人则沦落为社会的最底层，汉人很少能够进入上流阶层。

本来社会底层的人还可以通过科举制当官，但是当时的科举制也遭到了严重的打击，不仅举办的次数少，而且录取的人数也是少之又少。

这就导致英雄无用之地，很多有才华的人不能施展自己的抱负。所以他们无奈之下只能待在市井，被迫在市井谋生。

这个时候的戏曲就迎来了新的发展，原本戏曲是在小市井里流行，大多是用一些浅显易懂又有趣的语言，人们用它来自娱自乐。但是非常不成熟，毕竟都是一些农民，知识水平不高，所以并没有形成系统。

而现在有了这些知识分子的加入，他们编的戏曲更加成熟，也越来越规范。他们把自己愁闷的心情写进戏曲里，来抒发自己对现实的无奈，有苦闷之情，同时也有对美好生活的向往。

正因为如此，元代的戏曲才能得到新发展，在整个历史长河里都熠熠生辉。

Pinyin (拼音)

Shìrén dōu zhīdào tángshī sòngcí, ér yuán qǔ yěshì hěn yǒumíng de yīgè cúnzài. Xìqǔ zài yuán dài zhīqián jiù yǐjīng zài fāzhǎnle, dàn zài yuán dài de shíhòu, dádàole diānfēng shíqí.

Xìqǔ zhī suǒyǐ huì zài yuán dài qǔdé jùdà de fǎ zhǎn, bìdìng yǒu qí yuányīn, zhè dàgài yǔ dāngshí de shèhuì huánjìng tuō bùliǎo gānxì.

Yóuyú yuáncháo shì yóu shǎoshù mínzú jiànlì qǐlái de, suǒyǐ yuáncháo de tǒngzhì jiēcéng yěshì ménggǔ rén. Zài dāngshí, shèhuì shàng cúnzàizhe sēnyán de děngjí zhìdù, qízhōng ménggǔ rén dāngrán shì zài shàngcéng, ér hànrén zé lúnluò wèi shèhuì de zuì dǐcéng, hànrén hěn shǎo nénggòu jìnrù shàngliú jiēcéng.

Běnlái shèhuì dǐcéng de rén hái kěyǐ tōngguò kējǔ zhì dāng guān, dànshì dāngshí de kējǔ zhì yě zāo dàole yánzhòng de dǎjí, bùjǐn jǔbàn de cìshù shǎo, érqiě lùqǔ de rénshù yěshì shǎo zhī yòu shǎo.

Zhè jiù dǎozhì yīngxióng wúyòng zhī dì, hěnduō yǒu cáihuá de rén bùnéng shīzhǎn zìjǐ de bàofù. Suǒyǐ tāmen wúnài zhī xià zhǐ néng dài zài shìjǐng, bèi pò zài shìjǐng móushēng.

Zhège shíhòu de xìqǔ jiù yíng láile xīn de fǎ zhǎn, yuánběn xìqǔ shì zài xiǎo shìjǐng lǐ liúxíng, dàduō shì yòng yīxiē qiǎnxiǎn yì dǒng yòu yǒuqù de yǔyán, rénmen yòng tā láizì yú zì lè. Dànshì fēicháng bù chéngshú, bìjìng dōu shì yīxiē nóngmín, zhǐshì shuǐpíng bù gāo, suǒyǐ bìng méiyǒu xíngchéng xìtǒng.

Ér xiànzài yǒule zhèxiē zhīshì fēnzǐ de jiārù, tāmen biān de xìqǔ gèngjiā chéngshú, yě yuè lái yuè guīfàn. Tāmen bǎ zìjǐ chóumèn de xīnqíng xiě jìn xìqǔ lǐ, lái shūfā zìjǐ duì xiànshí de wúnài, yǒu kǔmèn zhī qíng, tóngshí yěyǒu duì měi hào shēnghuó de xiàngwǎng.

Zhèng yīnwèi rúcǐ, yuán dài de xìqǔ cáinéng dédào xīn fāzhǎn, zài zhěnggè lìshǐ chánghé lǐ dōu yìyì shēng huī.

POLICY TO BAN ON MARITIME TRADE (海禁政策)

1	海禁	Hǎijìn	Ban on maritime trade or intercourse with foreign countries
2	闭关锁国	Bìguān suǒguó	Cut off one's country from the outside world; avoid having contact with other countries; close the border; close the communication at the borders
3	脱轨	Tuōguǐ	Be derailed
4	后来	Hòulái	Afterwards; later; then
5	鸦片战争	Yāpiàn zhànzhēng	First opium war; second opium war
6	爆发	Bàofā	Erupt; burst; break out; blow up
7	你知道吗	Nǐ zhīdào ma	Did you know
8	不仅仅	Bùjǐn jǐn	More than; Not only; not just
9	顶峰	Dǐngfēng	Climax; apotheosis; pinnacle; summit
10	疆域	Jiāngyù	Territory; domain
11	王朝	Wángcháo	Imperial court; royal court
12	海岸线	Hǎi'ànxiàn	Coastline; shoreline

13	漫长	Màncháng	Very long; endless
14	对外贸易	Duìwài màoyì	Foreign trade; external trade
15	发达	Fādá	Developed; advanced; flourishing; prosperous
16	至于	Zhìyú	Go so far as to
17	离不开	Lì bù kāi	Can't do without
18	统计	Tǒngjì	Statistics; census; numerical statement; vital statistics
19	大概	Dàgài	General idea; broad outline
20	持续	Chíxù	Last; continue; sustain; continued
21	时期	Shíqí	Period
22	相比较	Xiāng bǐjiào	Compare; by comparison; compare with
23	确实	Quèshí	True; reliable; demonstration; really
24	一下	Yīxià	One time; once
25	为什么	Wèishéme	Why; why is it that; how is it that
26	巩固	Gǒnggù	Consolidate; strengthen; solidify; consolidated; strong; solid; stable
27	统治	Tǒngzhì	Rule; dominate; control; govern
28	海外贸易	Hǎiwài màoyì	Ocean commerce; oversea trade; overseas trade; ultramarine trade

29	当中	Dāngzhōng	In the middle; in the center
30	税收	Shuìshōu	Tax revenue
31	自己的	Zìjǐ de	Self
32	海上贸易	Hǎishàng màoyì	Commerce by sea; maritime commerce; maritime trade; merchant service
33	军火	Jūnhuǒ	Munitions; arms and ammunition; ordnance material
34	对外	Duìwài	External; foreign
35	占据	Zhànjù	Occupy; take over; hold; colonization
36	统治者	Tǒngzhì zhě	Ruler; sovereign
37	通病	Tōngbìng	Common disease; Common problem
38	那就是	Nà jiùshì	That is; that is to say
39	妄自菲薄	Wàngzì fěibáo	Improperly belittle oneself; inferiority complex; look down upon oneself; think lightly of oneself
40	地大物博	Dìdàwù bó	Rich country; vast territory and abundant resources; a big country abounding in natural wealth
41	小农经济	Xiǎonóng jīngjì	Small-peasant economy; small-scale peasant economy; small-scale farming by individual

			owners
42	商品经济	Shāngpǐn jīngjì	Commodity economy
43	我们的	Wǒmen de	Ours
44	经济发展	Jīngjì fāzhǎn	Economic development

Chinese (中文)

　　明清时期的海禁和闭关锁国的政策导致中国与世界脱轨，也导致了后来鸦片战争的爆发。但你知道吗？海禁政策不仅仅在明清时期才有，最早在元朝已经出现了，不过是在明清时期达到了顶峰罢了。

　　元朝是一个疆域非常广的大一统王朝，海岸线十分漫长，对外贸易也特别发达。至于元朝为什么要执行海禁政策，这当然与它的政治离不开关联。

　　据统计，元朝大概实施了四次海禁政策，而且持续的时间也是比较短的，短的时候两三年，长的时候也就三五年。与明清时期的海禁政策相比较，确实不算什么，我们还是来分析一下元朝为什么要实施海禁政策。

首先一个肯定是为了巩固统治，虽然国家能从海外贸易当中得到很多税收，但是为了维护自己的统治，将海上贸易关闭，为的是减少机械和军火的输出，这样在对外战争当中能够占据一定的优势。

不得不说，当时的统治者都有一个通病，那就是妄自菲薄，觉得我们中国地大物博，就算是实施海禁政策也不愁吃不愁穿，但是如果一味地发展小农经济，抑制商品经济，那我们的经济发展水平将得不到有效的提升。

Pinyin (拼音)

Míng qīng shíqí dì hǎijìn hé bìguānsuǒguó de zhèngcè dǎozhì zhōngguó yǔ shìjiè tuōguǐ, yě dǎozhìle hòulái yāpiàn zhànzhēng de bàofā. Dàn nǐ zhīdào ma? Hǎijìn zhèngcè bùjǐn jǐn zài míng qīng shíqí cái yǒu, zuìzǎo zài yuáncháo yǐjīng chūxiànle, bùguò shì zài míng qīng shíqí dádàole dǐngfēng bàle.

Yuáncháo shì yīgè jiāngyù fēicháng guǎng de dà yītǒng wángcháo, hǎi'ànxiàn shífēn màncháng, duìwài màoyì yě tèbié fādá. Zhìyú yuáncháo wèishéme yào zhíxíng hǎijìn zhèngcè, zhè dāngrán yǔ tā de zhèngzhì lì bù kāi guānlián.

Jù tǒngjì, yuáncháo dàgài shíshīle sì cì hǎijìn zhèngcè, érqiě chíxù de shíjiān yěshì bǐjiào duǎn de, duǎn de shíhòu liǎng sān nián, zhǎng de shíhòu yě jiù sānwǔ nián. Yǔ míng qīng shíqí dì hǎijìn zhèngcè xiāng bǐjiào, quèshí bù suàn shénme, wǒmen háishì lái fēnxī yīxià yuáncháo wèishéme yào shíshī hǎijìn zhèngcè.

Shǒuxiān yīgè kěndìng shì wèile gǒnggù tǒngzhì, suīrán guójiā néng cóng hǎiwài màoyì dāngzhōng dédào hěnduō shuìshōu, dànshì wèile wéihù zìjǐ de tǒngzhì, jiāng hǎishàng màoyì guānbì, wèi de shì jiǎnshǎo jīxiè hé jūnhuǒ de shūchū, zhèyàng zài duìwài zhànzhēng dāngzhōng nénggòu zhànjù yīdìng de yōushì.

Bùdé bù shuō, dāngshí de tǒngzhì zhě dōu yǒu yīgè tōngbìng, nà jiùshì wàngzìfěibáo, juédé wǒmen zhōngguó dìdàwùbó, jiùsuàn shì shíshī hǎijìn zhèngcè yě bù chóu chī bù chóu chuān, dànshì rúguǒ yīwèi de fāzhǎn xiǎonóng jīngjì, yìzhì shāngpǐn jīngjì, nà wǒmen de jīngjì fāzhǎn shuǐpíng jiāng dé bù dào yǒuxiào de tíshēng.

COLLAPSE OF YUAN DYNASTY (走向灭亡)

1	鼎盛时期	Dǐngshèng shíqí	A period of great prosperity; at the height of power and splendor; heyday
2	平方公里	Píngfāng gōnglǐ	Square kilometer
3	平方	Píngfāng	Square; square meter
4	公里	Gōnglǐ	Kilometer
5	之下	Zhī xià	Under
6	为何	Wèihé	Why; for what reason
7	强大	Qiángdà	Big and powerful; powerful; formidable
8	王朝	Wángcháo	Imperial court; royal court
9	灭亡	Mièwáng	Be destroyed; become extinct; perish; die out
10	政治制度	Zhèngzhì zhìdù	Political system
11	上来	Shànglái	Come up; begin; start
12	这时	Zhè shí	(At) this time/moment
13	他自己	Tā zìjǐ	Himself
14	完整	Wánzhěng	Complete; integrated; intact; whole
15	致命	Zhìmìng	Causing death; fatal; mortal; deadly
16	自己的	Zìjǐ de	Self

17	风格	Fēnggé	Style; form; manner; touch
18	非常重要	Fēicháng zhòngyào	Extremely important; count for much
19	接下来	Jiē xiàlái	Then; accept; take
20	统治	Tǒngzhì	Rule; dominate; control; govern
21	历朝	Lìcháo	Successive dynasties; past dynasties; successive reigns of a dynasty
22	历代	Lìdài	Successive dynasties; past dynasties
23	后期	Hòuqí	Later stage; later period
24	越来越	Yuè lái yuè	More and more
25	松散	Sōngsǎn	Loose; inattentive; relax; take one's ease
26	制约	Zhìyuē	Restrict; condition; constraint; restraint
27	战斗	Zhàndòu	Fight; battle; combat; action
28	多民族国家	Duō mínzú guójiā	Multinational country; multinational state; multi-nationality country
29	汉人	Hànrén	The Hans; the Han people
30	法律法规	Fǎlǜ fǎguī	Laws and regulations; law; Laws & Regulations
31	也就是说	Yě jiùshì shuō	In other words; that is to say
32	根本不	Gēnběn	Not at all; anything but

		bù	
33	起作用	Qǐ zuòyòng	Play a part
34	各地	Gèdì	Various places/localities
35	爆发	Bàofā	Erupt; burst; break out; blow up
36	大大	Dàdà	Greatly; enormously
37	起义	Qǐyì	Uprising; insurrection; revolt; stage an uprising
38	其中	Qízhōng	Among; in; inside
39	太祖	Tài zǔ	The first founder of a dynasty
40	朱元璋	Zhūyuánzhāng	Zhu Yuanzhang (1328-1398), founder of the Ming dynasty
41	起义军	Qǐyì jūn	Insurgent forces
42	一开始	Yī kāishǐ	In the outset
43	力不从心	Lìbù cóngxīn	Not able to achieve due to lack of enough strength; one's strength does not match one's ambitions
44	老问题	Lǎo wèntí	Stock question
45	那就是	Nà jiùshì	That is; That is to say; Someone
46	内忧外患	Nèiyōu wàihuàn	Domestic trouble and foreign invasion
47	就这样	Jiù zhèyàng	That's it; That's all; in this way

| 48 | 覆灭 | Fùmiè | Doom; destruction; complete collapse |

Chinese (中文)

　　元朝发展鼎盛时期，面积达到了 3000 多万平方公里，现在中国也只有 960 万平方公里。从这个数字的对比之下我们可以发现元朝的面积是真的很大，那为何如此强大的一个王朝不到 100 年就灭亡了呢？

　　首先一个我们从他的政治制度上来分析。元朝这时至终都没有形成一套属于他自己的完整的制度体系，这是非常致命的。因为找到自己的风格，并且制定相应的制度是非常重要的，这可以维持他们接下来的统治。历朝历代，都有相应的制度。而元朝却没有，所以后期导致他的军队越来越松散，就是因为没有制度的制约和管理，所以到了后期军队战斗力锐减。

　　由于是多民族国家，元朝没有处理好各民族之间的关系。等级制度太过明显，蒙古人甚至不受法律的制约，只需要按照他们的风俗过就好了。而汉人则需要遵守相应的法律法规，也就是说，那些法律对蒙古人根本不起作用，只针对于汉人，这也引起了汉人极大的不满。

所以在元朝中后期，各地爆发了大大小小的起义，这其中就包括明太祖朱元璋的起义军。

一开始元朝还能镇压下去，但是到后来越来越力不从心。统治集团内部也越来越腐败，而且出现了老问题，那就是争权夺势，内部也出现了极大的问题。在内忧外患共同影响下，元朝就这样覆灭了。

Pinyin (拼音)

Yuán zhāo fāzhǎn dǐngshèng shíqí, miànjī dádàole 3000 duō wàn píngfāng gōnglǐ, xiànzài zhōngguó yě zhǐyǒu 960 wàn píngfāng gōnglǐ. Cóng zhège shùzì de duìbǐ zhī xià wǒmen kěyǐ fāxiàn yuáncháo de miànjī shì zhēn de hěn dà, nà wèihé rúcǐ qiángdà de yīgè wáng zhāo bù dào 100 nián jiù mièwángle ne?

Shǒuxiān yīgè wǒmen cóng tā de zhèngzhì zhìdù shànglái fēnxī. Yuáncháo zhè shí zhì zhōng dōu méiyǒu xíngchéng yī tào shǔyú tā zìjǐ de wánzhěng de zhìdù tǐxì, zhè shì fēicháng zhìmìng de. Yīnwèi zhǎodào zìjǐ de fēnggé, bìngqiě zhìdìng xiāngyìng de zhìdù shì fēicháng zhòngyào de, zhè kěyǐ wéichí tāmen jiē xiàlái de tǒngzhì. Lìcháo lìdài, dōu yǒu xiāngyìng de zhìdù. Ér yuáncháo què méiyǒu, suǒyǐ hòuqí dǎozhì tā de jūnduì yuè lái yuè sōngsǎn, jiùshì yīnwèi méiyǒu zhìdù de zhìyuē hé guǎnlǐ, suǒyǐ dàole hòuqí jūnduì zhàndòulì ruì jiǎn.

Yóuyú shì duō mínzú guójiā, yuáncháo méiyǒu chǔlǐ hǎo gè mínzú zhī jiān de guānxì. Děngjí zhìdù tàiguò míngxiǎn, ménggǔ rén shènzhì bù shòu fǎlǜ de zhìyuē, zhǐ xūyào ànzhào tāmen de fēngsúguò jiù hǎole. Ér hànrén zé xūyào zūnshǒu xiāngyìng de fǎlǜ fǎguī, yě jiùshì shuō, nàxiē fǎlǜ duì ménggǔ rén gēnběn bù qǐ zuòyòng, zhǐ zhēnduì yú hànrén, zhè yě yǐnqǐle hànrén jí dà de bùmǎn.

Suǒyǐ zài yuáncháo zhōng hòuqí, gèdì bàofāle dà dàxiǎo xiǎo de qǐyì, zhè qízhōng jiù bāokuò míngtài zǔ zhūyuánzhāng de qǐyì jūn.

Yī kāishǐ yuáncháo hái néng zhènyā xiàqù, dànshì dào hòulái yuè lái yuè lìbùcóngxīn. Tǒngzhì jítuán nèibù yě yuè lái yuè fǔbài, érqiě chūxiànle lǎo wèntí, nà jiùshì zhēng quán duó shì, nèibù yě chūxiànle jí dà de wèntí. Zài nèiyōu wàihuàn gòngtóng yǐngxiǎng xià, yuáncháo jiù zhèyàng fùmièle.

www.QuoraChinese.com